कुछ कड़वी कुछ मीठी बातें

अनुभूत यथार्थ की उद्गारपूर्ण छंदावली

डॉ. हरि मोहन सकसेना

BookLeaf Publishing
India | USA | UK

Made with ❤ on the BookLeaf Publishing Platform
www.bookleafpub.in
www.bookleafpub.com

Dedication

समर्पण

यह कविता संग्रह मेरी पूज्य माता जी श्रीमती कमला सक्सेना को सादर समर्पित है।
उन्हीं की प्रेरणा और शिक्षा से मुझे हिंदी साहित्य में रूचि हुई तथा कुछ रचनात्मक कार्य करने की अभिलाषा हुई।
वे न केवल मेरी माँ हैं अपितु मेरी प्रथम शिक्षक और प्रेरणा की स्त्रोत भी हैं।
उनके जीवन पर्यन्त त्याग, तपस्या और संघर्ष के कारण ही मैं समर्थ और सक्षम बन सका हूँ।
मेरी ईश्वर से प्रार्थना है कि वे स्वस्थ और सुखी रहें व उनका आशीर्वाद हमेशा मुझ पर व मेरे परिवार पर बना रहे।
मेरी प्यारी पुत्रियों डॉ. नीहारिका और प्रियंका के स्नेह और शुभकामनाओं ने मुझे शक्ति दी और लक्ष्य की ओर अग्रसर होने की दृढ़ इच्छा जागृत की।

Preface

प्रस्तावना

साहित्य समाज का दर्पण होता है। प्रस्तुत कविता संग्रह में मैंने दैनिक जीवन में होने वाली घटनाओं और उनसे जुड़ी अनुभूतियों का जीवंत चित्रण किया है। व्यक्तिगत और पारिवारिक से लेकर सामाजिक, राष्ट्रीय तथा वैश्विक स्तर पर लक्षित घटनाओं, परिस्थितियों और विसंगतियों का हूबहू काव्यात्मक विवरण इस कविता संग्रह की विशेषता है।बहुत गहराई से व्यक्ति, जनसमूह तथा घटनाओं का अवलोकन करना, उनके पीछे की मानसिकता को समझना तथा निष्कर्ष निकालना ही इस रचना संग्रह को अनूठा बनाता है। समसामयिक गतिविधियों तथा नित्य प्रति के व्यक्तिगत अनुभवों पर आधारित यह कविताएं पाठक के मानस को झकझोर देती हैं तथा सोचने को मजबूर कर देती हैं। समाज और देश में व्याप्त कुरीतियों, कुप्रथाओं और अन्याय पर व्यंगात्मक कटाक्ष के साथ ही समस्याओं को सुलझाने के उपाय भी इन कविताओं में समाविष्ट हैं। देश में फैले भ्रष्टाचार, दबंगई, पाखंड और असमानता को खुलकर चुनौती देता यह काव्य संग्रह कवि मानस के साहस और जीवट का प्रमाण है।

Acknowledgements

आभार

इस कविता संग्रह की रचना की प्रेरणा मुझे अपनी माता जी श्रीमती कमला सक्सेना से मिली है। उनके आशीर्वाद से ही यह सृजन का कार्य संपन्न हो सका। मैं उनका हृदय से आभार प्रकट करता हूँ तथा उनके अच्छे स्वास्थ्य के लिए ईश्वर से प्रार्थना करता हूँ। मेरी पुत्रियों - डॉ. नीहारिका सक्सेना तथा प्रियंका सक्सेना ने उत्साह दिलाया तथा यथासंभव सहयोग करके लेखन कार्य को सफल बनाया। मैं उनके योगदान की सराहना करता हूँ। मेरे अनुज, साहित्य रत्न श्री जगमोहन सक्सेना का आजीवन साहित्य सेवा का जीवंत उदहारण मेरे लिए प्रेरक रहा है। मैं उनके अच्छे स्वास्थ्य की कामना करता हूँ।

1. नज़र ना लगे

नज़र ना लगे बिटुआ को
तुम हर दिन यही मनाती अम्मा
यौवन से वृद्धावस्था तक
प्रतिदिन, प्रतिपल वारा अम्मा।
ममता से पोषित कर बिरवा
खून पसीने से सींचा है,
हरदिन, हर निशि, त्याग तपस्या
अर्पित कर कुसुमित कर डाला।
जीवन के अंकुर को तुमने
किया पल्लवित देकर जीवन,
तूफानों, झंझावातों में
बन कर कवच बचाया जीवन।
अपने दुःख और दर्द छुपाकर
मेरे घावों को भर जाती,
मेरे दर्द मिटाती हँसकर
पर आँसू अपने पी जाती।
कर्ज़ चुकाने को ममता का
पालन, पोषण, कष्ट, त्याग का,
जीवन अर्पित कर दूँ तब भी
ऋणी रहूँगा मैं माता का।

2. कान्हा जी की तीसरी मय्या

कान्हा तुम पर जान लुटाती
बनकर सदा तुम्हारी मय्या,
मैं भोली न्यौछावर तुम पर
तुम ने सुध नहीं लीन्हि खिवैया।
मैंने सब कुछ तुम पर वारा
पाने को बस प्रेम तुम्हारा,
बाल कला की एक झलक को
तरस गया यह जीवन सारा।
एक मंद मुस्कान तुम्हारी
जिस पर मैंने दुनिया वारी,
आकर दरस दिखा दो कान्हा
मैं थक गई, तुम्हारी बारी।
सकल जगत से आंखें फेरीं
आई प्रभु शरण में तेरी,
मुझ पर करो कृपा हे भगवन
सफल बना दो मेरा जीवन।
नविधा भक्ति तुम्हारे अर्पण
भोग लगाऊँ छप्पन व्यंजन,
अज्ञानी मैं , हे दुःख भंजन
करो दया, काटो सब बंधन।

3. ब्रह्माण्ड का रहस्य

क्या रहस्य है सृष्टि का
मानव अब तक न समझ पाए,
क्यों बना विश्व, नभ, चाँद सितारे ?
नर, पशु, पक्षी, तरु क्यों बनाये ?
किसने यह संसार बनाया ?
वायु, भूमि, जल कहाँ से आया ?
कैसे यह ब्रह्माण्ड रचाया ?
मानव इसमें कैसे आया ?
दिन में रवि प्रकाश फैलाता
चाँद रात में कैसे आता ?
ऋतुओं का परिवर्तन होता
बाद रात के दिन क्यों होता ?
समय बदलता क्यों रहता है ?
कौन इसे नियंत्रित करता ?
सब कुछ नियमित कैसे रहता ?
इस को कौन सुनिश्चित करता ?
मानव जन्म लिया क्यों हमने ?
क्या प्रयोजन है जीवन का ?
वापस कौन, कहाँ ले जाता ?
हमको वह क्यों नज़र न आता ?

हे प्रभु हमको दरश दिखाओ
जग के रहस्य हमें समझाओ,
किस कारण से भेजा जग में
दिव्य ज्ञान से तम को हटाओ।

4. विश्व शाँति

जग में हाहाकार मचा है
किसने घातक खेल रचा है ?
मानव जीवन क्या सस्ता है ?
कौड़ी में नर बेच रहा है।
बड़ी मत्स्य छोटी को खाए
देशों का यह कैसा न्याय ?
मानवता की करें दुहाई
फिर भी आफत क्यों बरपाई ?
नाश मनुज का कर देने को
हरदिन हरपल होड़ लगी है,
जड़े मुखौटे शाँति प्रेम के
सब देशों में दौड़ लगी है।
विध्वंसक हथियारों के बल
दुनिया पर शासन को पागल,
देश देश पर टूट पड़े हैं
चहुँ ओर बारूद के बादल।
क्यों सब की मति गई है मारी ?
छोड़ विवेक, अंधे नर नारी,
भूल गए सब ज्ञान पाठ को
निकल पड़े हैं लूट पाट को।

भूल गए सब जग मिथ्या है
जगत सम्पदा बस माया है,
मानव प्रेम सभी से ऊँचा
दया, शांति से बड़ा न दूजा।

5. गली गली में श्वान विराजें

गली गली में श्वान सलोने
दहशत बरपाई है जिन्होंने ,
भौंक भौंक कर पीछे दौड़ें
डर भागें नर, बनें भगौड़े।
बालक वृद्ध, निर्बल नर नारी
सब पर ला दी विपदा भारी,
रात में भौंकें बारी बारी
व्याप्त गली में खतरा भारी।
असमय विपदा हो या बीमारी
घर से निकलो जान पे भारी,
हिंसक श्वान गली में विराजे
मुश्किल में सब, रंक या राजे।
प्रेम यदि है तुम्हें श्वान से
घर पर पालो इन्हें शान से,
झेल न पाओ मनुज आवारा
फिर आवारा श्वान क्यों प्यारा ?
समय एक सा नहीं हमेशा
कब हो जाए अंत किसीका,
श्वान प्रेम का करें दिखावा
मनुज प्रेम को क्यूँ तज डाला ?

दंभ त्याग कर वर्ग, वेष का
धन, वैभव और परिवेश का,
हर मानव की कीमत जानो
पहले मनुज, पशु फिर मानो।
जिसे श्वान ने काटा, मारा
रेबीज़ संक्रमित तक कर डाला,
उसकी पीड़ समझ नहीं आई
संवेदना दिखाओ भाई।
फैल जाए रेबीज़ संक्रमण
विफल हुआ यदि श्वान नियंत्रण,
दर्दनाक मृत्यु हो सकती
कई रोगों को मिले निमंत्रण।
विनय निवेदन नगर प्रशासन
दूर करो आतंक श्वान का,
गली मुहल्ले करो सुरक्षित
समझो मूल्य हर इक इंसान का।
वन ही घर हर पशु, श्वान का
वहीँ उन्हें तत्काल भेज दो,
निर्भय घूमें सब नर नारी
दायित्व निभाने की अब बारी।

6. गली सड़क पर गाय भटकती

"गाय हमारी माता है" तो
माता का सम्मान करो तुम,
कागज़, पॉलिथीन खिलाकर
मत उसका अपमान करो तुम।
बासी खाकर पेट जो भरती
माता कहते लाज न आती ?
पूत बने हो गौ माता के
मगर दुर्दशा नज़र न आती ?
देती दूध तभी तक पाला
वृद्ध गाय को बाहर निकाला,
भूखी गायें फिरें आवारा
क्यूँ नहीं भेज दिया गौशाला ?
नन्हे बछड़े के हक़ का था
दूध चुराकर खुद पी डाला,
स्वार्थ पूर्ण कर बेशर्मी से
वृद्ध गाय को बेच भी डाला।
गाय पशु नहीं, वह है माता
सेवा कर नर बैकुंठ जाता
गोरस अमृत माना जाता
रोग, व्याधि से मुक्त कराता।

गाय की महिमा जान, समझ कर
ईश्वर का वरदान समझ कर,
वेद वाणी आदेश मानकर
प्रभु पाएं इस का सम्मान कर।

7. कलयुगी शिक्षा

कलयुग में यह कैसी शिक्षा
शिक्षित मांग रहे हैं भिक्षा,
पढ़े लिखे नाकाम हो गए
योग्य निठल्ले आम हो गए।
गली गली में शिक्षा बिकती
डिग्री के अम्बार हो गए
उच्च शिक्षा की क्या महिमा जब
विश्वविद्यालय दुकान हो गए।
विद्यालय में शिक्षा क्या हो
ट्यूशन के बाज़ार जहां हों,
क्या गरीब शिक्षा ले पाए
महँगी फीस नहीं दे पाएं।
शिक्षा का व्यापार बनाया
बेच उसे धन खूब कमाया,
पढ़कर भी संस्कार न आया
ज्ञान चक्षु भी खोल न पाया।
कहाँ गई गुरुकुल परिपाटी
जो अच्छा इंसान बनाती,
ज्ञान और संस्कार सिखाती
जन जन को महान बनाती।

ऑंखें खोलो छात्र, शिक्षकों
ऐसी शिक्षा काम न आती,
माया छोड़ ज्ञान को पाओ
नालंदा को पुनः जगाओ।

८. प्रथम प्रेम की अमिट सुगंध

चखा प्रेम का स्वाद जो मैंने
जीवन भर मैं भूल न पाया,
जिसको पाकर सब जग खोया
उसको खोकर कभी न पाया।
जैसा सोचा था सपने में
उससे भी सुन्दरतम पाया,
जिस की आस न थी जीवन में
वह प्रियतम खुद मैंने पाया।
सुन्दर चेहरा, भोली बातें
चंचल आँखें, लब मुस्काते,
गोरी काया, दृग कजरारे
काले, घने बाल लहराते।
मन में बस गई छवि तुम्हारी
आँखों में सूरत मनोहारी,
सुनकर तेरी बातें प्यारी
मैंने दुनिया सकल बिसारी।
तुमसे मिलकर मिला आश्वासन
कभी नहीं भटकेगा अब मन,
यह सुख था केवल पल भर का
दर्द दे गया जीवन भर का।

मिलना यदि लिखा नियति ने
विरह उसी ने ही दे डाला,
काल चक्र ने पलटा खाया
दूर तुम्हें हमसे कर डाला।
प्यार में पाए सुख के कुछ पल
उसी सहारे बीतेगा कल
खुशियों की सुधियाँ संजोकर
कठिन बिताना अब जीवन भर।

9. जन नायक हो तो ऐसा हो

भारत भू पर राज करे जो
जनसेवक नर इंद्र सरीखा,
जिस पर भारत गर्व करे वो
माँ का सच्चा पूत अनोखा।
सब कुछ त्याग देश की खातिर
जन सेवा को हरदम आतुर,
भारत माँ का मान बढ़ाने
निकल पड़ा निज शीश चढ़ाने।
देश वासियों की पीड़ा को
जिसने अपने ह्रदय बसाया,
देश की प्रगति की खातिर ही
हरपल अपना कदम बढ़ाया।
सच्चाई, ईमानदारी से
जिसने जीकर जीवन अपना,
मेहनत, खून, पसीना देकर
पूरा किया देश का सपना।
आदर्शों को मूर्त रूप दे
जिसने इक विश्वास जगाया,
मानवीय मूल्यों पर चलकर
जग में परचम को लहराया।

भूप यशस्वी, देश को जिसने
उच्च कोटि का स्थान दिलाया,
धर्म, ज्ञान, विज्ञान के बल पर
विश्वगुरु भारत को बनाया।
धन्य लाल और लाल की माता
स्वार्थ, दम्भ न जिसे हराता,
संस्कारी और चरित्रवान के
आगे सब जग शीश झुकाता।

10. बेटी

बेटी घर की शान है
पापा की मुस्कान है
मम्मी का अभिमान है
पूरे कुल का मान है।
बचपन का भोलापन उसका
चमक आँख की, खिलता चेहरा,
उत्सुकता की पराकाष्ठा
ज्ञान प्राप्ति की है उत्कंठा।
बचकानापन और सरलता
क्रिया कलाप में बसी सहजता,
वाणी में सच्चापन बस्ता
भोली बातें, चेहरा हँसता।
बचपन बीता खेल कूद में
गुड्डे, गुड़िया, उछलकूद में,
छोटी सी बातों पर रोना
नया खिलौना पा खुश होना।
गोदी में सिंहासन जिसका
और अनमोल प्यार है उसका,
'पापा की परी' नाम है उसका
सानी नहीं जगत में जिसका।

खुशियाँ सब भर के झोली में
बिठा दिया इक दिन डोली में,
इक युवराज सलोना पाकर
भूली पीहर, पहुँच पिया घर।

11. माँ की रसोई

बड़े नसीबों से मिलता है
माँ के हाथ बनाया खाना,
जिसने अपनी माँ को खोया
उसका मोल उसी ने जाना।
स्वादहीन लगें सब व्यंजन
अगर प्रेम से नहीं पकाया,
ममता से जब उसे परोसा
स्वाद अनूठा उसमें पाया।
बूढ़ी माँ की अजब रसोई
खाकर तृप्त हुआ हर कोई,
खुशबू अजब, हर स्वाद अजूबा
पीकर पेय मधुर रस डूबा।
अम्मा की तरक़ीब निराली
हर सब्ज़ी बनती है आली,
दस व्यंजन की पूरी थाली
जिस पल देखा, झटपट खा ली।
बाल सफ़ेद, काँपती काया
तुम्हें निठल्ले कभी न पाया,
जर्जर तन और दुखती काया
पर तुमने विश्राम न पाया।

कैसे पुण्य किये जीवन में
जो मैंने माँ तुमको पाया,
ईश्वर की जो छवि बनाई
जीवित दर्शन तुममें पाया।

12. छोटा भैय्या

छोटे भैय्या बड़े निराले
शौक अनेकों उसने पाले,
ऐसे काम कई कर डाले
उँगली दाँत तले दबवाले।
छोटा भैय्या जब छोटा था
अम्मा से पिटकर रोता था
जिद्द मगर पूरी करवाता
सबके नाक चने चबवाता।
खूब शौक से पतंग उड़ाता
चरखी मगर मुझे पकड़ाता,
बात बात में अकड़ दिखाता
झूठा रो माँ से पिटवाता।
चाहे गुस्सा खूब दिखाता
फिर भी मुझ पर जान लुटाता,
गणित मुझे नहीं आता था
गृह कार्य उससे करवाता।
उसकी कलम गज़ब की चलती
बड़े बड़ों की दाल न गलती,
कविता, गीत बहुत लिख डाले
लेख, कहानी छपवा डाले।

साइंस का भी शौक निभाया
चँदा को भी खूब खँगाला,
खोया लैंडर ढूंढ निकाला
एलियन का कंकाल दिखाया।

13. पिताजी

बाबूजी की याद सताती
वो थे मेरे सच्चे साथी,
बचपन में गोदी मिल जाती
कभी नसीहत वहीं से आती।
माँ की महिमा दुनिया गाती
मगर पिता की थाह न पाती,
माँ गोदी में अगर सुलाती
बल देती है पिता की छाती।
अथक परिश्रम कर धन अर्जन
किया हमारा लालन पालन,
शिक्षा, भोजन, कपड़ा तन का
सभी जुटाते निपटी तनखा।
अपनी इच्छा छोड़ अधूरी
करी कामना सब की पूरी,
जिया अभावों में निज जीवन
हर पल मार गए अपना मन।
भव्य भवन निर्माण किया है
नींव में उसकी प्राण दिया है,
खून पसीने से सींचा है
छाया को वट वृक्ष दिया है।

बाबूजी की त्याग तपस्या
उसका मोल चुका सकते क्या ?
उनके सपने पूर्ण करें हम
ऊँचा नाम करें हम कुल का।

14. माँ की बगिया

माँ का प्यार बनी फुलवारी
जिससे मिलती खुशियाँ सारी,
खून पसीने से सींचा था
हर बूटा बेटे सा लगता।
रोज निरखती हर इक क्यारी
शोभा हर पौधे की न्यारी,
हर्षित हो हर फूल देखकर
बगिया पर जातीं बलिहारी।
रंग बिरंगे पुष्प देखकर
उनका मन भी खिल खिल जाता,
निज हाथों से पानी देतीं
मुरझाया पौधा जी जाता।
जूही, चंपा, गेंदा, गुड़हल
तुलसी, बेला और गुलमोहर,
हरसिंगार, गुलाब, मोगरा
रात की रानी, रजनीगंधा।
अम्मा का बस यही खजाना
उस में रम कर जग बिसराना,
खिलते फूल रोज चुन लातीं
प्रभु चरणों में उन्हें सजातीं।

देना हो उपहार उन्हें जब
गमला फूल भरा ले जाओ
उनकी आँखें चमक जाएँगी
चेहरे पर मुस्कान भी पाओ।

15. प्रकृति

प्रकृति क्या है ? समझ न आई
शायद ईश्वर की परछाँई,
नदी, पहाड़, सरोवर, नाले
एक से बढ़कर एक निराले।
जंगल घने, मेघ मतवाले
वन भी जैव विविधता वाले,
पशु, पक्षी सब अचरज वाले
सुन्दर फूल सुगंधि वाले।
मानुष भिन्न रूप रंग वाले
लम्बे, नाटे, गोरे, काले,
झरने झर झर गिरने वाले
इंद्रधनुषी छटाओं वाले।
कीट, पतंगे अजब अनोखे
छोटे, बड़े, सभी रंगों के,
जल जीवन की महिमा भारी
हर मछली दूजी से न्यारी।
बन्दर, चीते, शेर, बघेरे
भालू, हिरण, जीव बहुतेरे,
गिद्ध, चील और बाज बटेरें
कोयल, मैना, मोर, चकोरे।

इन्हें बनाया किसने, कैसे ?
जैव विविधता आई कैसे ?
विस्मयकारी प्रकृति बनाई
सृष्टि में कैसे ये समाई ?

16. भोला बचपन

बचपन का भोलापन न्यारा
भोला बच्चा सब को प्यारा,
भोलेपन की वह लीलाएं
मासूमियत सभी को भाए।
मानस सरल, भावना निश्छल
शुद्ध प्रेम की क्रीड़ा प्रतिपल,
सबसे स्नेह, सहज और सच्चा
बाल्य काल सम काल न अच्छा।
राग द्धेष नहीं पास फटकता
निर्मल मन में पाप न बसता,
नैनों से भी प्रेम बरसता
वाणी में भी बसी मधुरता।
कोमल ह्रदय जहाँ धड़कता
पावन मन में ईश्वर बसता,
दुर्लभ सच्चा प्यार जगत में
बचपन में ही सुलभ महकता।
अब यह है दायित्व हमारा
रखें सुरक्षित बचपन प्यारा,
बच्चों में संस्कार डालकर
उन्हें बनाएं हर मन प्यारा।

सच की महिमा उन्हें सिखाकर
मनुज प्रेम का पाठ पढ़ाकर,
राग द्धेष से दूर हटाकर
इक अच्छा इंसान बनाकर।

17. यौवन

जीवन में सबसे सुन्दरतम
काल हमेशा होता यौवन,
यौवन काल विविधता वाला
हँसने और रुलाने वाला।
सपने देखे अजब, अनोखे
ढूँढा प्रेम तो पाए धोखे,
सच्चा प्रेम खोजते देखे
पाकर फिर खो देते देखे।
भोली सूरत, सुन्दर काया
जब देखा तो दिल को भाया,
दिल है भोला, समझ न पाया
जग ने ठगा, संभल न पाया।
प्रथम प्रेम की अद्भुत गाथा
कहें, सुनें तो ठनके माथा,
प्रेम किसी को जीवन देता
कभी वही जीवन हर लेता।
पाने को दीपक की बाती
छोड़ दिए सब संगी साथी,
जग से बैर निभाया हमने
मगर नहीं अपनाया उसने।

देख झलक धड़कन रुक जाती
काश वही सजनी मिल पाती,
सच्चा प्यार किया हमने पर
सच्ची सखी कहाँ मिल पाती ?
मधुर प्रेम की अथक खोज में
बीत गया अपना तो यौवन,
शायद किस्मत से मिलता है
सच्चे प्रेम भरा इक जीवन।

18. बुढ़ापा

मैं समझा औरों को आता
मुझे छोड़ वो सब को सताता,
बरसों से भय मन में व्यापा
आखिर मेरा आया बुढ़ापा।
आधे बाल सफ़ेद हो गए
बाकी आधे सिर से झड़ गए,
झुर्रियां चेहरे पर आईं
बिन ऐनक ना पड़े दिखाई।
रोगों ने घेरा फिर आकर
रक्तचाप और बढ़ गई शक्कर,
दाँत हिल गए बारी बारी
दंत चिकित्सक से की यारी।
बात यहीं तक ना रुक पाई
अंकल कहें सब लोग लुगाई,
बालक लिए प्रेमिका आई
"ये नाना हैं" कह मुस्काई।
कसरत, आसन सब कर डाला
बीता यौवन फिर ना आया,
तेल चमेली खूब लगाया
पर प्रेमी कोई पास न आया।

अक्सर यही कहा जाता है
बीता वक़्त नहीं आता है,
जीवन की कुछ घड़ियाँ बाकी
काट रहे हैं हम एकाकी।

19. आंसू और मुस्कान

आंसू और मुस्कानों का
कोई मोल नहीं, दोनों अनमोल,
आंसू दिल के दर्द बहाते
मुस्कानें देतीं रस घोल।
अपनों से जब दूर हो जाते
आँखों से आंसू आ जाते,
बाद विरह के फिर मिल जाते
उसी ख़ुशी में आंसू आते।
चोट लगे जब भी अपनों को
और बटोरें टूटे दिल को,
भाव पिघल कर बहते जाते
तब आँखों से आंसू आते।
मुस्कानों का तो क्या कहना
अनजानों को कर ले अपना,
एक सरल मुस्कान जो खिलती
जीवन भर की खुशियाँ मिलतीं।
झूठी मुस्कानों से बचना
उनका काम है केवल ठगना,
बहकाती हैं ये मुस्कानें
दिखलाती हैं सपन सुहाने।

सच्चे प्रेम की है पहचान
सच्चे आंसू और मुस्कान,
आँखों से नीयत पहचानो
सच्चाई या धोखा जानो।

20. दुष्टों का बोलबाला

प्रभु कैसा जग रच डाला है
दुष्टों का ही बोलबाला है,
सज्जन डर कर चुप बैठे हैं
दुर्जन सब सुख भोग रहे हैं।
झूठ बोल कर जोर शोर से
सच का गला ये घोंट रहे हैं,
ईमानदार को अपमानित कर
अपराधी अकड़े डोल रहे हैं।
अफवाहें और भ्रम फैलाकर
जन जन को गुमराह हैं करते,
देश विरोधी दुश्मन से मिल
अपने घर में आग लगाते।
ऐसा विकृत मानस क्यों है ?
आस्तीन में सांप भरे हैं,
खुद सत्ता पाने को लोलुप
देश बेचते घूम रहे हैं।
वह कैसी माता है जिसने
देश प्रेम तक नहीं सिखाया,
अच्छे संस्कार ना देकर
संतति को नहीं सुजन बनाया।

जागो देश भक्त नर नारी
देश बचाने की अब बारी,
दुश्मन की साजिश से बचने
संगठित हो करो तैयारी।

21. जागो, जूझो, देश बचाओ

दुष्टों की अक्षौहिणी सेना
सत्य अकेला काफी है,
पाप बड़ा अन्याय को सहना
दुष्ट को देना माफ़ी है।
प्रेम, अहिंसा की भाषा
मक्कार समझ नहीं पाते हैं
लातों के भूत पड़े पाले
उपचार तो उनका लातें हैं।
जो बर्बरता अनदेखी कर
बस आँख मूँद सो जाते हैं,
ये दुष्ट सँपोले अजगर बन
उनको भी निगले जाते हैं।
हमें शान्ति का पाठ पढ़ा
जो अरि को गले लगाते हैं
अपनों को धोखा देकर वो
गद्दार अमर हो जाते हैं।
आस्तीन में साँप बसे
बेफिक्र से हम सो जाते हैं,
तब धोखा दे, विश्वास तोड़
वो साँप हमें डस जाते हैं।

आँखें खोलो विश्वास में अंधों
हित, अनहित अपना पहचानो,
सगे भाई से मत झगड़ो
शत्रु को यहाँ बसाने को।
किस आशा में तुम बैठे हो
निष्क्रिय, हाथ पर हाथ धरे,
दो हाथ दिए हैं ईश्वर ने
दुष्टों का खुद संहार करो।
प्रेम, दया यदि करने हैं
ढूंढो सुपात्र, बहुतेरे हैं,
दुष्टों को क्षमा विवेक नहीं
ये दोस्त नहीं, अरि तेरे हैं।
जो न्याय नहीं देता जग को
धिक्कार है ऐसे न्यायिक को,
जो नाव डुबो दे अपनों की
लानत है ऐसे नाविक को।
लेखनी यदि खुद मौन रहे
सोए को कौन जगाएगा ?
अन्याय से लड़ने प्रेरित कर
रणभेरी कौन बजाएगा ?
जागो अब दिन चढ़ आया है
सोया समाज झकझोर रखो
इसे नियति समझते अति हो गई
अपूरणीय अब क्षति हो गई।
जीवन में मत अपमान सहो
निज गरिमा, स्वाभिमान रखो
दुश्मन से देश बचाने को

जीवन अपना बलिदान करो।

www.ingramcontent.com/pod-product-compliance
Lightning Source LLC
LaVergne TN
LVHW050822051026
849532LV00008B/3064
* 9 7 9 8 9 0 0 8 1 7 3 8 5 *